GRANDE QUESTION

À L'ORDRE DU JOUR.

PARIS,

SES CHATEAUX FORTS,

SON ENCEINTE CONTINUE,

ET LES GENS QUI EN ONT PEUR;

par

M. Simonot.

Bons habitants de Paris,
Pour le coup vous voilà pris.
. . . .
. . . .

Prix : 30 Centimes.

PARIS

Chez DUTERTRE, passage Bourg-l'Abbé;
RIGAUD, galerie Vivienne;
BRÉAUTÉ, passage Choiseul.

1844

PARIS,

SES CHATEAUX FORTS,

SON ENCEINTE CONTINUE,

ET LES GENS QUI EN ONT PEUR.

———

Puisque tout le monde s'occupe des *fortifications de Paris*, et que c'est aujourd'hui l'une des plus grandes questions à l'ordre du jour de l'opinion publique, je veux aussi faire connaître ce que j'en pense. Mais je ne la traiterai qu'en raccourci, et le peu que je vais en dire sera à la portée de toutes les intelligences : ne comprend pas les savants qui veut, moi le premier.

Procédons avec méthode. Rien ne nous presse. L'étranger est loin de nos murs ; et ce n'est pas le pèlerinage que MM. les légitimistes viennent de faire à la cour du *roi de France in partibus*, qui le déterminera à s'en approcher de sitôt. D'ailleurs qu'il y mette un peu de courtoisie, et nous donne le temps de préparer nos catacombes pour y recevoir dignement *la population timide, les femmes, les vieillards, les enfants, qui y trouveraient de vastes refuges où toutes les bombes de l'univers ne sauraient les atteindre* (1) ; excellente ressource à laquelle nous n'avions

____

(1) Troisième lettre de M. Arago.

1844

pas pensé d'abord, et pourtant elle est à nos portes et sous nos pieds.

Malgré sa bonté, cette idée présentera peut-être quelques difficultés dans son exécution. Les poltrons, les femmes, les vieillards, les enfants, les boiteux, les manchots, les bossus, forment les deux tiers de la population, cinq cent mille âmes environ, si mon approximation n'est pas erronée. Cette masse énorme d'individus, faibles de corps et d'esprit, consentirait-elle à descendre toute vivante dans les entrailles de la terre? Quels moyens employerait-on pour l'y contraindre si elle s'y refusait? Comment s'y logerait-elle? Y aurait-il des magasins, des fours, des cuisines, des lieux d'aisances, une infirmerie pour les malades, comme dans les casemates d'une ville de guerre? Par où pénétrerait l'air pour remplacer celui qu'elle n'aspirerait plus que vicié vingt-quatre heures après son entrée dans ces *vastes refuges?* Sans doute elle n'aurait rien à redouter des *bombes de l'univers*, mais de la mortalité? Elle serait épouvantable! Quelle que soit la valeur de cet expédient, je doute qu'il soit propre à rassurer la population parisienne en cas de siège, et, toute réflexion faite, nous ferons bien de ne pas trop compter dessus jusqu'à *plus ample informé.*

Mais continuons.

C'était de 1831 à 1833. En ce temps là on traçait des lignes, on plantait des pieux, on prenait des niveaux, on charriait pierres de taille et moëllons pour construire je ne sais combien de citadelles. Le gouvernement de cette époque, sans doute mal inspiré comme il l'est quelquefois, ne croyait pas avoir besoin de l'agrément de qui que ce fût pour en agir selon son bon plaisir et vouloir. Si on l'avait laissé faire il aurait eu raison.

Pour l'usage auquel on semblait les destiner, les forts n'étaient peut-être pas trop près de Paris, surtout celui de Montmartre, mais Paris se trouvait trop près des forts, et cela lui donnait quelque peu de mauvaise humeur.

A la vérité il ne lui faut pas grand chose pour lui fouetter le sang. Voyez en 1830! Pour trois chiffons de papier affichés sur ses murs il prend la mouche, et renverse un trône appuyé sur toutes les baïonnettes de l'Europe, le droit divin, et la légitime prise de possession de l'héritage (¹). En soixante heures tout fut bâclé, et les rois, qui nous voyaient faire, étaient frappés de terreur. Dieu merci! nous nous sommes hâtés de les rassurer avant même que nous eussions pensé à replanter les arbres de nos boulevards, abattus par la tempête.

Dans cette petite affaire-ci, je voulus voir par moi-même de quel côté étaient les torts, ou de la ville qui ne voulait pas qu'on l'entourât de murailles surchargées de bronze fulminant, ou des maçons qui prétendaient les bâtir malgré elle : je me rendis sur les lieux.

Là, je mesurai les distances à l'œil nu, seul instrument d'optique que j'eusse à ma disposition, et je reconnus sans peine que Paris pouvait être sillonné dans tous les sens par des projectiles incendiaires ou simplement destructeurs. Cela n'était rassurant que pour ceux qui désiraient qu'il en fût ainsi. Les bonnes traditions ne se perdent jamais.

La question que je traite ne m'est pas tout-à-fait étrangère. J'ai servi autrefois dans un régiment de grosse artillerie, qui marchait à pied en traînant ses canons à la remorque, et je calculais assez bien la portée des bombes et des boulets sur les remparts d'une place de guerre ou en rase campagne.

Je me souviens même d'avoir contribué pour ma part à détruire, au-delà du Rhin, une ville qui se nommait et doit se nommer encore Philisbourg. C'était en l'an quatre de la république, et nous chantions la Marseillaise dans nos batteries pour nous aider à pointer juste. Cette belle besogne m'était payée vingt-cinq francs par jour en mandats, que je vendais quatre sous aux juifs pour acheter du pain et des pommes de terre. Qui doute de ce que j'avance peut consulter les bulletins

---

(1) « Après la divine Providence, c'est à votre Altesse à qui je dois d'être rentré dans l'héritage de mes pères » (*Lettre de* Louis XVIII, *au régent d'Angleterre*).

du temps, sur lesquels, du reste, mon nom n'a jamais figuré.

En descendant des hautes montagnes de Belleville je trouvai les Parisiens aussi inquiets, mais plus irrités encore qu'au moment de mon départ. Ils murmuraient, et commençaient même à jurer contre les ministres ; car c'est toujours à ces pauvres ministres qu'ils s'en prennent! Au risque de me faire arrêter comme chef d'émeute par la police, ou de me faire assommer comme agent provocateur par mes concitoyens, je leur conseillai de parler haut, et même de crier si cela ne suffisait pas. L'un d'eux, plus hardi que les autres, se chargea d'être leur interprète auprès de qui de droit, et s'en acquitta parfaitement. On devinera peut-être de qui je veux parler, si je dis que je le crois plus savant que moi, et qu'il lit aussi couramment dans les cieux qu'un jésuite les odieuses constitutions de son ordre, où moi le *National*.

Quoique doué d'une grande modestie, et tout pénétré que je suis de mon insuffisance, j'eus la prétention d'élever ma voix en même temps que la sienne. Pendant qu'il tonnait à la tribune, qu'il démontrait mathématiquement aux excellences abasourdies *que les garnisons des forts détachés pourraient couvrir Paris*, LA TOTALITÉ DE PARIS, *de boulets, d'obus et de bombes*, je composais dans mon cabinet cette petite chansonnette.

LE PRÉSENT ET L'AVENIR,

ou

L'EMBASTILLEMENT DE PARIS.

RONDE A DANSER.

—

AIR : *L'on vous en ratisse, tisse.*

Bons habitants de Paris,
Pour le coup vous voilà pris,
Un filet vous entortille,
Malheur à qui bougera !
L'on vous embastille, tille,
L'on vous embastillera.

Vous allez être en prison
Sous la gueule du canon,
Et pour la moindre vétille
Il vous pulvérisera.
L'on vous embastille, tille,
L'on vous embastillera.

Parlez bien, ou taisez-vous
Si vous craignez les verroux.
Ne criez pas qu'on gaspille,
Car Gisquet (1) vous croquera.
L'on vous embastille, tille,
L'on vous embastillera.

Vous êtes libres pourtant
De dépenser votre argent,
De danser, de voir la fille,
Ou le nouvel opéra.
L'on vous embastille, tille,
L'on vous embastillera.

Vous avez. . . (2).

. . . .

Avec le juste milieu,
Le bon plaisir à bon jeu;
Mais nous sommes la torpille (3)
Gare ! à qui nous touchera.
L'on vous embastille, tille,
L'on vous DÉBASTILLERA.

---

(1) M. Gisquet était alors préfet de police.

(2) Il y avait ici un couplet d'une inspiration détestable et qui sentait son procureur du Roi un kilomètre à la ronde. Mon peu de dévotion à la chapelle Ste-Pélagie, rue de la Clef, m'a déterminé à en faire le sacrifice.

(3) Ce poisssson a la propriété de frapper d'engourdissement ceux qui le touchent; propriété que devrait avoir le trésor public contre les mains dilapidatrices qui y puisent sans vergogne, sans relâche et toujours.

L'avenir un beau matin
Peut changer notre destin,
Nous verrons, si ce jour brille,
A quel saint l'on se vouera.
L'on vous embastille, tille,
L'on vous DÉBASTILLERA.

Oui, l'on viole les lois,
Oui, la France est aux abois,
Oui, la liberté roupille,
Mais elle s'éveillera.
L'on vous embastille, tille,
L'on vous DÉBASTILLERA.

Je chantai mes couplets à la fin d'un dîner où nous étions une douzaine de bons amis, tous gens sages ou peu s'en faut. Ils furent fort applaudis; ce qui ne me surprit pas : nous en étions au vin de champagne. On me conseillait de les faire imprimer. Je les remis prudemment dans mon portefeuille.

Dix ans se sont écoulés, et je les donne aujourd'hui comme un morceau d'histoire ancienne pour lier le passé au présent. Les trois derniers seuls n'ont pas vieillis et sont encore de l'actualité si l'on veut.

La ville de Paris, bâtie de trop ancienne date, ne pouvait pas aller s'établir ailleurs avec sa rivière, ses ponts, ses monuments, ses promenades, ses fontaines, et son mur d'octroi, qui l'aide à faire entrer chaque année une quarantaine de millions dans ses coffres. Les forts, devenus raisonnables par nécessité, reculèrent et furent discrètement se placer un peu plus loin. Vincennes seul y mit de l'entêtement et ne bougea pas. Mais son voisinage n'a rien de bien inquiétant pour nous. Ses plus gros boulets, lancés à toute volée, arriveraient à peine aux colonnes de la barrière du trône pour y mourir de faiblesse.

Malgré la sonorité de tant de phrases pompeuses écrites sur ce sujet, les unes de bonne foi, les autres pour égarer l'opinion publique, je le dis hautement, fortifier Paris est une grande et belle idée que deux invasions succesives ont dû nous faire sentir l'impérieuse nécessité de mettre promptement à exécution. Je conviens, toutefois, que le gouvernement s'était trop hâté de prendre l'initiative, surtout une attitude qui semblait menaçante. Tout amoindrie qu'on l'a déjà faite, et qu'on travaille peut-être à la faire encore, la nation valait bien la peine qu'on la consultât sur une affaire aussi importante pour sa défense, ses libertés et son avenir.

En 1841, de nouveaux plans lui ont été soumis, et, par l'organe de ses représentants, elle a consenti à ce qu'ils fussent mis à exécution. Maintenant vingt citadelles, au lieu de quatorze, qui nous étaient promises, se sont élevées rapidement autour de nous.

A ce compte là, il y en aurait donc déjà six de trop? C'est beaucoup. Étaient-elles rigoureusement nécessaires pour coordonner un vaste système de défense dont on aurait reconnu la nécessité après coup? Voilà ce que le Gouvernement aurait dû dire au pays. Mon Dieu! nous ne sommes pas des Turcs! On se serait empressé de lui accorder ce qu'il aurait demandé d'après l'*exposé de ses motifs*, qui sont toujours excellents. Aujourd'hui ces six forts sont autant *de faits accomplis* en pierre de taille, et il n'y aura rien à en rabattre.

Mais laissons de côté cette question de surabondance de Bastilles, qui n'a pour moi qu'une importance secondaire sur ce que je vais dire de ces immenses travaux.

Maintenant qu'ils semblent devoir se terminer bientôt, sur une échelle plus ou moins développée, d'où peut venir cette tardive terreur qu'ils inspirent, et qu'on s'efforce de répandre du centre aux extrémités, pour la faire rejaillir des extrémités au centre, comme le rond produit par un caillou jeté dans un bassin rempli d'eau? Décidément ne voulons-nous plus aujourd'hui ce que nous avons voulu hier? Jouons-nous un triste drame ou une folle comédie en présence de l'Europe attentive? Allons nous apprêter à rire à nos dépens? nous couvrir de ridicule et de décombres? Je le crains.

Voyons donc si on ne se moque pas un peu de ces pauvres Français en leur disant : bâtissez pour démollir, cela vous amusera.

Depuis quelques mois surtout, c'est à ne plus s'y reconnaître. Les journaux sérieux surchargent leurs colonnes de contradictions ; les petites feuilles piquent, égratignent, mettent en pièces, sans se soucier d'avoir tort ou raison, pourvu qu'il y ait pâture à leur spirituelle malignité ; les bons Nantais pétitionnent pour donner le branle à la France ; le maigre *Progressif de la Corse* traverse son canal à la nage pour venir à Paris gourmander l'opposition, qui ne fait rien qui vaille ; les légitimistes, leurs regards tournés vers la mer pour voir si *sœur Anne ne voit rien venir*, se plaignent que les fortifications de Paris *menacent les libertés nationales* ; les radicaux veulent table rase, et la nation ne sait plus ce qu'elle doit en penser.

On croit cette grande question brûlante de tous les feux de l'artillerie, boulets rouges, bombes, obus, fusées à la congrève.

Elle ne l'est en effet que des controverses politiques, de la haine des partis, et de l'amour que de lâches transfuges conservent pour l'étranger.

Lorsque je cherche la vérité, le prestige d'un grand nom ne m'impose pas plus que ne m'éblouit la riche broderie dont un habile écrivain sait orner sa pensée. Je ne la reconnais qu'après l'avoir dépouillée de toutes ses parures.

M. Arago vient de publier trois lettres fort remarquables sur les *fortifications de Paris*. Je n'ai pas la prétention de réfuter l'ouvrage de ce savant ; mais j'ai aussi ma façon de voir, et il m'est permis, je présume, de n'être point de son avis sous beaucoup de rapports que je ne signalerai pas tous. Par exemple, si Vauban a dit *que le commandant d'une ville doit avoir autant de confiance dans la bonté des fortifications confiées à sa garde, que dans la fidélité de sa femme*, je regrette que M. Arago ait jugé à propos de citer ce passage, qui ne saurait être considéré que comme une simple plaisanterie. Plus d'un mari trompé jure par la fidélité de sa femme ; et tel commande une forte-

resse et la défend avec bravoure jusqu'à ce qu'il soit forcé de
la rendre, tandis que sa compagne s'est peut-être rendue , dès
la première sommation.

M. Arago ajoute ensuite :

*Cette remarque, nous pouvons la généraliser. Il faut que, dans
la mesure de leurs lumières, les simples soldats eux-mêmes se
croient chargés de défendre des remparts imprenables.*

Mais cela n'est point du tout exact. Le soldat ne raisonne pas,
il obéit ; et l'officier chargé de la défense d'une place , quelle
que soit sa force ou sa faiblesse, n'a pas le droit de refuser de
s'y renfermer si on le lui ordonne. Il s'engage à s'y maintenir
le plus longtemps possible, et à ne capituler que sur une brèche
praticable ; l'honneur militaire n'en exige pas plus pour être
satisfait.

« Depuis le traité de Riswick, les frontières de la France sont
en *très mauvais état,*» écrivait Vauban en 1706. Pourquoi citer
ce traité de préférence, que Louis XIV dictait en maître , et
d'après lequel il reculait les limites de son royaume jusqu'au
Rhin, qui le séparait de l'Allemagne? celui d'Utreck, signé seize
ans plus tard, était au contraire désastreux pour la France, et
on n'en dit rien. Entre autres sacrifices, il lui en coûtait le port
de Dunkerque, que nos bons voisins, les Anglais, qui *s'entendent si cordialement* avec nous aujourd'hui, avaient forcés nos
aïeux de combler.

Mais je ne vois pas trop pourquoi l'on insiste sur le *mauvais
état de nos frontières* il y a 150 ans, à propos de la question
qui nous occupe aujourd'hui. Voudrait-on insinuer par là que
nos villes de guerre suffisent maintenant à la défense de notre
territoire, et que fortifier Paris est chose inutile? il y aurait
ici contradiction flagrante. Vauban avait fait réparer 300 places
fortes, en avait fait construire 33 nouvelles, et pourtant il voulait qu'une enceinte continue mît Paris à couvert des attaques
de l'étranger, et *deux bonnes forteresses* pour aider la Bastille
à maintenir les citadins sous le joug de l'obéissance passive.

La vieille opinion du maréchal Vauban, sur laquelle M. Arago appuie la sienne (et certes il était assez fort pour ne pas se croire obligé de recourir à cet auxiliaire), n'a pas une grande autorité à mes yeux, ce dont je demande humblement pardon. Le Paris de son temps n'est plus le Paris de nos jours, dont l'immense population., ses développements intellectuels, ses richesses et sa haute influence sur les destinées futures des peuples, tiennent en quelque sorte tous les souverains en échec. Les petites guerres d'autrefois, de prince à prince, ne ressemblent plus à nos grandes guerres modernes, qui peuvent encore soulever des masses, et précipiter les unes sur les autres des armées de plusieurs centaines de mille hommes. Je suis de l'avis de l'illustre académicien : *la France est assez puissante pour ne pas s'inquiéter des guerres de coalition.* Mais c'est précisément parce qu'elle est puissante qu'on ne l'attaquera pas désormais avec de faibles armées.; et nous devons mettre nos ennemis dans le cas de reculer devant la pensée d'une invasion. La nation ne mourra pas, et laissons lui pour héritage les moyens de vivre tranquille.

Si Vauban se trouvait aujourd'hui parmi nous, qu'il eût vu deux fois la France entière au pouvoir de l'étranger, et les ours de la mer glaciale se promener insolemment sur nos places publiques, certes, son génie eût conçu un tout autre plan pour fortifier Paris, que celui qui convenait alors à la capitale du roi de France et de Navarre. N'oublions pas, au reste, que ses deux Bastilles, l'une à la hauteur des invalides, l'autre couvrant de ses feux la pacifique île Saint-Louis, la sale place Maubert, l'Hôtel-de-Ville, et toute la circonférence de ses rayons, valaient bien nos forts détachés du premier projet.

Napoléon voulait aussi fortifier Paris, nous assure-t-on. Pourquoi ne l'a-t-il pas fait, lui qui pouvait tout ; qui avait quarante millions endormis dans ses caves; qui en semait à profusion pour creuser des ports, aplanir des montagnes, bâtir des ponts, ouvrir des routes dans des contrées qui ne nous appartenaient que par droit de conquête? Mais, nous dit-on, cela eût semblé à tout le monde un acte de folie, lorsqu'une partie de l'Europe était morcelée en départements français, et que nos drapeaux flottaient sur les rives de la Vistule.

Est-ce bien sérieusement qu'on nous fait cette pauvre objection? Que ne chargeait-il Regnault de Saint-Jean-D'Angely de démontrer, avec sa loquacité ordinaire, dans un rapport de quatre colonnes du *Moniteur*, que cette mesure était nécessaire pour continuer à vaincre toutes les coalitions, et se moquer d'elles par-dessus le marché ; et le servile sénat aurait battu des mains, sans même s'informer où le maître voulait placer ses canons? Mais l'empereur, à qui rien ne résistait alors, ne devait-il pas travailler pour les siècles futurs en mettant sa capitale à l'abri de toute insulte, comme il le faisait en rendant son nom immortel? Qui lui avait dévoilé à l'avance les événements dont le reste de sa grande et trop brillante carrière devait être rempli? En était-il le maître, comme de son génie sur le champs de bataille? Ne pensait-il pas que le fil de sa vie, aussi faible que celui du dernier de ses soldats, pouvait être tranché à l'improviste, et que l'héritier de son sceptre n'était encore qu'un enfant? Ignorait-il enfin que les peuples subjugués était mécontents et les rois humiliés? En négligeant de fortifier Paris, il a manqué de prévoyance.

En 1815 il était trop tard pour en avoir.

Je vais m'écarter un peu de mon sujet pour quelques instants.

Dans les pages de l'histoire de l'empereur Napoléon, la première occupation de Paris est un malheur à déplorer : la seconde est la suite d'une faute.

Quoique de nombreux *partages d'âmes* eussent déjà mis de nouveaux intérêts en présence, la coalition n'était pas dissoute : elle restait encore debout et armée. Le peuple français, mécontent du gouvernement qui lui avait été imposé, tout de réaction et d'insolence, gémissait en secret, mais il n'avait point appelé l'empereur pour l'aider à le renverser. La nation le voyait au milieu d'elle avec plus d'inquiétude que d'enthousiasme. Son nom était la guerre et l'invasion. Quelles chances favorables avait-il pour lui? S'il eût remporté la victoire au Mont Saint-Jean, il lui fallait encore vaincre le lendemain, et le jour suivant, et toujours; et la France épuisée ne pouvait pas lui fournir les moyens de soutenir une grande guerre.

S'il eût attendu quelques années plus tard pour tenter de nouveau la fortune, peut-être aurait-il pu réussir dans cette téméraire entreprise, à laquelle une grande partie de la nation se serait associée. Mais en 1815, les royalistes étaient en train de faire des sottises; il fallait les laisser continuer.

Si je pouvais agrandir le cadre de cet opuscule, j'aurais des choses assez curieuses à révéler sur ce dernier et triste épisode de sa vie publique, mais je dois m'y renfermer.

Je dirai simplement que j'étais à l'île d'Elbe dix ou quinze jours avant son départ, que rien n'annonçait. Le 5 avril suivant je me trouvai chez mon ami, M. Gravier, libraire français, établi à Gênes depuis longues années, où j'eus occasion de faire connaissance avec le commandant de la station anglaise. C'était un véritable marin, parlant haut et s'exprimant avec une rude franchise. Je ne puis rapporter ici les entretiens que nous eûmes ensemble, mais j'ai été à peu près convaincu que les Anglais n'étaient pas tout-à-fait étrangers à l'équipée. S'ils ne l'ont pas provoquée, du moins ils n'ont rien fait pour s'y opposer.

Comme je ne prétends pas me donner pour un homme d'importance, je vais expliquer ma présence à l'île d'Elbe, à une époque où il était assez difficile d'y aller. J'étais à Livourne pour affaire de commerce. J'appris, chez un négociant où je dînais, qu'on expédiait le lendemain de riches meubles pour l'Empereur. Je témoignai le désir d'être du voyage. Le consul français, le général Marioti, que je connaissais, fit quelques difficultés; mais il consentit à *fermer les yeux*, et je fus porté sur le rôle d'équipage du bâtiment comme subrecargue. Le lendemain matin nous jetions l'ancre à Portoferraio.

Je ne suis pas resté douze heures dans l'île, et je n'ai retiré aucun fruit de mon pèlerinage. A la vérité j'ai vu Napoléon, mais de fort loin. Il était sur la crête d'une montagne, accompagné de trois personnes seulement, marchait avec lenteur et faisait quelques gestes. Ne pouvant l'aborder à aucun titre, je n'essayai pas même de m'en approcher. D'ailleurs, à tort ou à raison, il me semblait que j'étais suivi depuis le moment de mon débarquement, et je ne me souciais pas d'être signalé à aucune police du monde.

Reprenons maintenant le fil de notre discours que j'ai peut-être assez maladroitement interrompu.

Il suffisait, disent les adversaires et de l'enceinte continue et des forts détachés et de tout le système de défense en général, que Paris eût été mis à l'abri *d'un coup de main*. Deux journaux, le *Commerce* et l'*Atelier*, sont principalement les échos de cette étrange assertion.

Si je demandais à ces profonds stratégistes de cabinet, ce qu'ils entendent par un *coup de main*, que me répondraient-ils?

Un coup de main, en terme de l'art, n'est jamais qu'une petite opération militaire qui consiste à enlever une place de peu d'importance, une position qu'on attaque à l'improviste, ou qu'on peut tourner; un retranchement gardé avec négligence, ou un convoi qui se croit en sûreté sur les derrières.

Mais, s'emparer de Paris *d'un coup de main* est un non-sens, pour me servir de l'expression la plus polie.

Paris ouvert, tel qu'il l'était en 1814 et 15, avec sa garde nationale sous les armes et toute sa population en alerte, n'avait rien à redouter sous ce rapport. On n'a pu, on ne pouvait y entrer qu'après les plus épouvantables désastres; qu'après avoir vu détruire nos armées, inonder de sang nos campagnes, et la trahison servir d'auxiliaire à l'étranger. Paris, occupé par les guerriers de dix grands peuples, faisait encore trembler ses vainqueurs. S'en souvient-on?

Je n'ai jamais redouté que Paris pût être pris par un coup de main.

Mais aujourd'hui je ne veux pas qu'on le prenne, je ne veux pas qu'on l'attaque, je ne veux pas même qu'on ose en approcher.

Je désire, au contraire, qu'on se hâte de terminer tous les travaux nécessaires à sa sûreté, malgré les *patriotiques colères* de M. Lamartine, *les robinets et la terre en bouillie* de M. Arago, et la sortie, passablement curieuse, du général Subervic, qui a dit à la chambre des députés, que *fortifier Paris était la plus haute folie du siècle.*

Eh bien! soit. Acceptons toutes ces bonnes plaisanteries, peuple bouffon que nous sommes, et finissons-en pour que tout le monde se taise.

Ne croyons pas non plus ceux qui nous assurent que les généraux ennemis pensent que *les forts détachés s'élèvent à leur profit.* La tête leur tourne donc à ces braves gens? Est-ce qu'à leurs yeux les difficultés de prendre une ville diminuent en raison des obstacles qu'on multiplie autour d'elle, pour augmenter ses moyens de défense? A qui veut-on faire croire, ou qui veut-on épouvanter, en écrivant que **270,000** *hommes suffiraient pour ravager nos départements et empêcher la levée en masse,* tandis que **50,000** *autres, laissés dans la ceinture de citadelles, contiendraient la métropole,* L'AFFAMERAIENT AU BESOIN OU LA BOMBARDERAIENT? J'en demande mille pardons à M. Arago, mais rien de cela n'est possible. A quoi en serions-nous réduits? Nous n'aurions donc plus d'armée? Tous nos soldats seraient donc tués ou prisonniers, et toutes nos places frontières prises? Les deux, trois, quatre millions de Français, pleins de courage et de patriotisme, qui pourraient se réunir pendant que l'ennemi battrait nos troupes, s'emparerait de nos villes et des citadelles autour de Paris, resteraient donc chez eux spectateurs indifférents de cette terrible lutte? La nation, enfin, accepterait donc ainsi sans combattre la honte et des fers de **50 0,000** *Prussiens, Russes, Autrichiens et Anglais?*

Préoccupé de ses savantes *études sur les fortifications de*

Paris, dont je suis loin de contester la haute portée, M. Arago, qui promène tranquillement ses 270,000 étrangers sur toute l'étendue de notre territoire, ne s'est probablement pas souvenu d'avoir écrit :

A la nouvelle du manifeste de Brunswick, en 1792, Paris organisa quarante-huit bataillons et plusieurs compagnies de canonniers, qui firent immédiatement partie de l'armée.

En exécution du décret du 21 février 1793, sur la mise en réquisition permanente de 300,000 gardes nationaux, Paris fournit 30,000 hommes.

Le 8 mars 1793, on apprit la levée du siège de Maëstricht et la retraite de notre armée sur Valenciennes. Le lendemain, il partit pour l'armée 15,000 Parisiens, etc.

Est-ce que nous ne serions plus les enfants de nos pères ?

Est-ce qu'il n'y aurait plus chez nous ni honneur, ni courage, ni amour de la patrie ?

Et croit-on que nos vingt forts autour de Paris se rendraient sans coup-férir? Je suis persuadé, au contraire, que les braves officiers chargés de leur défense, les feraient sauter s'ils étaient forcés de les évacuer, et ne laisseraient aux ennemis que des amas de décombres après en avoir fait enlever l'artillerie : car, n'oublions pas qu'ils auraient derrière eux les bastions de l'enceinte continue pour les protéger.

Il me semble qu'en cherchant un peu mieux, M. Arago aurait pu trouver de meilleurs arguments pour essayer de faire prévaloir son opinion.

Voici quelle est la mienne sur ce sujet.

Nos voisins, qui vivent avec nous en si parfaite harmonie une fois l'an, dans les discours du trône, ne se font point illusion. Ils savent à merveille que ce n'est pas pour qu'ils en fassent la récolte que nous semons nos millions dans les champs autour de Paris. Loin de se réjouir, ils nous regardent faire avec douleur et amertume. Entre eux et nous s'élèvent des murs de bronze et de feu qu'ils ne renverseraient pas facilement pour venir de nouveau faire parader leurs bandes sur nos promenades et nous donner des maîtres.

Le seigneur détruit, le seigneur vivifie, que son saint nom soit béni.

Voici maintenant qu'après s'être lamenté sur tous les tons de ce que l'érection de nos forts a coûté des sommes énormes, on nous conseille de les détruire, et d'adopter un autre plan de défense, dont l'exécution nous entraînerait à de nouveaux sacrifices et à de nouveaux embarras.

De quoi s'agit-il donc encore?

Attendez, mes bons et curieux Parisiens, que je vous explique clairement la chose, quoique je ne la comprenne pas bien, car elle renferme des combinaisons scientifiques tout-à-fait au-dessus de ma portée.

Il serait question, si on laissait faire, de placer des portes au Pont-Neuf, et de les fermer au nez de la Seine pour la rendre *inguéable* en amont, de manière à ce que les ennemis, *occupant les deux rives, ne pussent communiquer entre eux que par des ponts éloignés les uns des autres.*

Comme moyen de défendre Paris, cette idée ne me serait pas venue.

En conscience! les voilà bien malades ces pauvres ennemis! que de les obliger à faire un peu de chemin de plus pour passer une rivière à pieds secs, sur des ponts, plutôt que de la traverser dans l'eau jusqu'à la ceinture.

Car, tâchons de raisonner juste si nous le pouvons.

Si l'étranger occupe les *deux rives*, ou pour parler plus logiquement, *les quatre rives*, puisqu'au-delà de Charenton, la Seine n'est plus que la moitié d'elle-même en volume, par conséquent moins large, moins rapide, moins profonde, il doit être parfaitement tranquille. Entièrement maître du pays, quel besoin aurait-il de porter rapidement ses guerriers en masse d'un bord à l'autre, au risque d'en noyer une partie? S'il est entré en France avec l'intention de l'envahir et d'assiéger Paris, n'a-t-il pas à sa suite ses équipages de ponts, au moyen desquels il peut facilement rapprocher les distances qui séparent les nôtres. Je m'étonne que l'auteur du projet n'ait pas fait ces réflexions si simples. En voici d'autres.

Puisque l'ennemi occupe la Lorraine, la Champagne et la Bourgogne, quel obstacle pourrait l'empêcher d'envahir aussi la Normandie? car je vois qu'on fait bon marché de notre territoire, dans les *études sur les fortifications de Paris*.

Ceci posé, admettons qu'au moyen du barrage au Pont-Neuf, la Seine *puisse gonfler de 5 ou 6 mètres*, ce qui est possible, quoique ce soit beaucoup, et qu'au-delà de Montereau il y ait encore deux bassins à remplir, sans compter les affluents et la pente. Qu'en résultera-t-il? deux inconvénients majeurs : d'inonder les plaines en *amont*, probablement dans la plus belle saison de l'année, et de rendre en *aval* la Seine guéable depuis le Pont d'Asnières, encore défendu par le canon du Mont-Valérien (s'il n'est pas condamné à mort comme les autres) jusqu'à la Bouille où la marée montante vient expirer.

Je n'en dirai pas plus sur ce vaste système de défense hydraulique proposé par un savant de premier ordre. Il peut présenter d'autres avantages commerciaux, industriels et de salubrité publique dont je ne m'occuperai pas; car il ne s'agit ici que de la défense de Paris.

Avant que d'aller plus loin, il faut que je fasse une courte pause. Je rencontre sur ma route une grande question d'argent, dont on se préoccupe beaucoup, mais sur laquelle je passerai rapidement, quelle que soit son importance. Je me contenterai de dire que si, comme je le pense, le gouvernement a dépassé les crédits qui lui étaient légalement alloués, ou changé la nature des dépenses qu'il lui était permis de faire, c'est aux chambres à lui demander un compte sévère de ses opérations. Tel est leur droit, et la nation s'en réjouira.

Mais veut-on réjouir la nation? Ses représentants viennent d'accourir de tous les points de la France, pour défendre ses intérêts, comme ils s'y sont engagés dans leurs professions de foi *avant l'élection.*

Les esprits faibles, les peureux, s'il faut dire le mot, sont en grand nombre chez nous, peuple belliqueux de tradition, depuis les Gaulois chevelus à la botte de paille pour étendard, jusqu'à nos petites barbes modernes, voient déjà Paris bloqué, attaqué, démoli, incendié par les vingt Bastilles qui l'entourent.

Pour l'amour du dieu de paix qui inspire toujours les rois à bien faire, n'ayez pas ces craintes puériles, mes bonnes gens ! Les projectiles de ces nombreuses citadelles qui vous causent tant d'effroi ne sauraient vous atteindre, fussent-elles toutes armées de mortiers-monstres, et commises à la garde de *quelques milliers de prétoriens,* milice qui n'existera pas chez nous, tant que notre charte conservera signe de vie. Qui veut dire le contraire se trompe ou ment à tant le paragraphe ; comme M. Marco de Saint-Hilaire invente des *souvenirs intimes* quand il ne lui en reste plus.

Mais le danger n'est pas là, dites-vous ; il est bien autrement rapproché de nos demeures. Le colonel Vauvillers, qu'on nomme dans les journaux, et deux généraux qu'on ne nomme pas, assurent que les 94 bastions de l'enceinte continue qui ne sont point fermés à la gorge, *peuvent l'être en 48 heures et leurs canons tournés contre Paris.*

Oh ! oh ! ceci est autre chose, et devient inquiétant ! Je n'en savais rien de rien. Je ne suis pas ingénieur, et personne ne me confie les secrets de l'État. Mais, ne nous alarmons point trop à l'avance ; les gros personnages qui portent de l'or sur leurs habits ne sont pas tous des oracles. Permettez-moi de dire quelques mots à ceux-ci, et peut-être saurons-nous à quoi nous en tenir.

« Seriez-vous assez bons, messieurs, pour m'expliquer clairement ce que vous entendez par vos *quatre-vingt-quatorze bastions fermés à la gorge, et leurs canons tournés contre Paris ?*

« Supposez-vous que, dans une circonstance donnée, il puisse venir dans l'idée de quelque bonne âme charitable, prince, ministre ou n'importe qui, de faire tirer sur Paris à boulets roûges pour le réduire en cendres ?

« Quelle grosse sottise pourrait-il faire pour mériter de devenir ainsi le point de mire de vos terribles engins destructeurs ?

« Et croyez-vous que ce remède moscovite aurait la même efficacité sur les bords de la Seine que sur ceux de la Vistule ?

« Vous ne me répondez pas, et je continue.

Admettons la chose possible, et qu'il se fasse autour de nous quelques dispositions qui annoncent de sinistres projets. Dans cette hypothèse, dont je suis loin de croire à la réalisation, j'éleverais la voix, et je dirais encore :

«Lieutenant-généraux, maréchaux-de-camp, colonels ou qui que vous soyez, que je vois là-bas sur les parapets de vos bastions, mêche allumée et face à Paris , de quoi est-il question ? braquez vos lunettes. Regardez bien. Que voyez-vous ?

« Des rassemblements auprès de la porte Saint-Denis, Saint-Martin, le quai de Gèvres, ou de quelques barrières ?

« Cela ne vous regarde pas; la police veille.

« Une émeute sur quelques places publique, pour du vin frelaté versé dans le ruisseau ; une bataille de cabaret, des voleurs qui se cachent derrière des cheminées, un accident causé par l'une des 60,000 voitures qui circulent dans Paris, des hommes qui s'étranglent et d'autres qui se suicident ?

« Cela ne vous regarde pas. Les sergents de ville, chapeaux cornus en tête et l'épée au côté , ou casquettes sur l'oreille et dagues cachées, en font leur affaire.

« Une sédition causée par quelque milliers d'ouvriers qui voudraient faire augmenter leur salaire, et dont l'attitude devient menaçante ?

« Cela ne vous regarde pas. M. le préfet de la Seine a son armée à pied et à cheval.

« Une révolte ouverte, refoulée dans quelque carrefour, lanternes brisées, omnibus renversés , barricades de vieux tonneaux remplis de pavés, au milieu desquels se retranchent quelques centaines de jeunes étourdis, égarés par de fausses doctrines, qui espèrent renverser les trônes et changer la face du monde, en criant qu'ils veulent une chose ou l'autre?

« Cela ne vous regarde pas. Le pouvoir a des forces à sa disposition dans l'intérieur de la cité, et vous devez entendre les tambours de la garde nationale battre le rappel?

« Une révolution, enfin?

« Une révolution, messieurs, cela ne vous regarde plus.

« Non, cela ne vous regarde plus. Une révolution, c'est Paris tout entier; Paris tout entier c'est la France; la France c'est la garde nationale, l'armée et le peuple; le peuple c'est tout.

« Faites tourner la gueule de vos canons d'un autre côté. Ils n'ont pas servi, ils ne peuvent pas servir contre Paris. »

Le pouvoir est trop sage pour réduire le peuple à cette fâcheuse extrémité. Que lui resterait-il pour opposer une digue à ce torrent impétueux qui entraîne tout sur son passage, et ce qu'il veut détruire, et ce qu'il voudrait conserver? Ses gendarmes, sa garde municipale, ses sergents de ville, force imposante et respectable en temps de calme, mais petit nuage de moucherons, qu'une insurrection générale écraserait d'un seul coup.

Mais soyons sages nous-mêmes; et que le Dieu tout puissant préserve notre beau pays de France de nouvelles révolutions. Les plus légitimes portent toujours des fruits amers, du sang, des ruines et surtout de grandes déceptions.

Celle de juillet, si pure à sa naissance, si belle dans sa jeunesse, n'est-elle pas déjà vieille et décrépite? Devait-elle amener à sa suite des budjets gros comme des montagnes, des couvents de capucins, des révérends pères jésuites, et beaucoup d'autres petites choses sur lesquelles nous avions droit de ne pas compter?

Mais, me disait un jour l'un de mes vieux amis, qui n'en raisonne pas mieux pour dater de loin, beaucoup de gens pré-

tendent, qu'on aurait tout aussi bien fait de laisser Paris ouvert
à tout vent, comme un châlet suisse, plutôt que de l'embastiller
ainsi qu'on travaille à le faire. Une ville forte peut être assiégée
et prise d'assaut. Alors on pille, on brûle, on tue, on jette les
vieilles femmes par les fenêtres, et les vainqueurs mettent de
côté les jeunes filles pour se rafraîchir le sang après la bataille.
Tout cela est assez triste tu en conviendras, et peut faire man-
quer bien des mariages. Il n'en est pas de même lorsque les
ennemis se présentent en amis, l'arme au bras et belles pro-
clamations sur les murs, pour amuser les curieux. On en est
quitte alors, ainsi que nous l'avons été, pour quelques tracasseries de détails, et tout se termine à l'amiable comme une tran-
saction pardevant notaire.

— Quelques tracasseries de détails, dis-tu ? Est-ce ainsi que
tu qualifies la perte de plusieurs de nos anciennes places fortes ?
700 millions de contribution ? la spoliation de nos musées ?
la profanation de nos trophées militaires ? l'irruption de cent
mille sauterelles affamées, rentrées de l'émigration ? et l'étranger nous dictant de honteux traités ?

Mais si Paris défendu alors par de simples retranchements,
avait pu tenir 20 jours, un mois ? en eussions-nous été réduits
là ? Les coalisés surpris, même inquiets de leurs triomphes, n'au-
raient-ils rien eu à redouter de cette masse encore imposante
de nos braves guerriers, qui, n'ayant aucun point d'appui, ont
dû se retirer au loin ? Le pis qu'il pouvait nous arriver était
toujours d'obtenir de meilleurs conditions qu'une charte béni-
gnement octroyée par un roi imposé.

Mais Paris pris, toute la France est prise : il ne faut plus le
laisser prendre.

— Mon Dieu ! je ne demande pas mieux, si on peut l'empêcher.

— Laisse faire ; avec un peu de temps et un peu d'argent
nous en viendrons à bout, en dépit de ceux qui voudraient s'y
opposer ;

De ceux qui disent que *tous les bons citoyens doivent souhaiter la destruction de tous les forts;*

De ceux qui prétendent *qu'envisagés militairement, les forts détachés n'ont qu'une valeur très contestable,* tandis qu'il faudrait que l'ennemi fît vingt sièges avant que d'arriver à l'enceinte continue; vingt sièges dont deux d'une grande importance, Vincennes et le Mont-Valérien; et qui tous ne peuvent être attaqués qu'aux deux tiers de leur circonvallation; le troisième se trouvant sous les feux de l'enceinte;

De ceux surtout qui désireraient que la France, réduite à sa plus petite dimension, pût être renfermée dans une bonbonnière, pour aller l'offrir à genoux, le front dans la boue, au prince leur idole, rapporté en triomphe sur les épaules de nouveaux Tartares.

— Ces gens là sont donc fous?

— Non. Ils vivent d'illusions et du budget depuis 1830; mais aujourd'hui Paris fortifié leur donne le cauchemar. Des trois vertus théologales, ils ont déjà la *foi* et *l'espérance;* qu'ils aient maintenant un peu de *charité* pour les souverains dont ils veulent réclamer l'appui en faveur de *Sa Majesté* Henry V; car ils semblent ignorer que nous avons en réserve une arme plus terrible que toute l'artillerie de l'Europe.

— Laquelle donc?

— Une petite vieille, toute ratatinée, qui a plus de 50 ans : LA MARSEILLAISE !

— Mais ce n'est pas tout. J'entends dire aussi, depuis le *Restaurant de Rome,* où je dîne, jusqu'à l'estaminet du *Château d'eau,* où je fume, et ailleurs encore, que si Paris voulait faire le mutin, comme cela lui est arrivé plusieurs fois depuis qu'il est au monde, on l'affamerait bien vite pour le rendre sage.

— Affamer Paris!

— Pourquoi pas? *Les garnisons des forts détachés pourraient, à l'aide de leurs feux croisés, arrêter, sinon des* COLONNES ENNEMIES, *du moins les bons laboureurs qui, jour et nuit, viennent approvisionner Paris* (1), et empêcher ses habitants de sortir pour en aller chercher à travers champs.

— Affamer Paris !

Voilà, certes ! l'idée la plus singulière, la plus folle qui puisse prendre naissance, se développer, et grandir dans un cerveau humain !

Affamer Paris !

Affame-t-on une ville qui a neuf cent mille âmes de population ; qui est l'entrepôt des richesses de la France ; le point central de la civilisation du monde ; le siège du gouvernement, et où sont renfermés tous les ressorts de la grande machine, qui cesserait aussitôt de fonctionner ?

Affamer Paris !

Où se réfugieraient donc, pour être en sûreté, le Roi, sa famille, les pouvoirs législatifs, les administrations, la bourse, le trésor, la banque, la halle aux grains, et tous les marchands de comestibles qui seraient aussitôt pillés et égorgés par la populace, qui monterait bientôt dans les salons des riches?

Affamer Paris !

Mais deux cent mille hommes s'armeraient incontinent pour aller s'ouvrir une issue à coups de canon ; et un million d'autres viendraient à leur secours en moins de soixante heures !

Affamer Paris !

Et qui seraient les premiers affamés? Les forts eux-mêmes, bloqués de tous côtés par les populations irritées, et qui ouvriraient bien vite leurs poternes pour demander la paix et du pain.

Une telle menace serait le signal d'une insurrection générale.

Tout homme sensé n'ignore pas que la circulation entre Paris et le reste de la France ne saurait être interrompue pendant huit jours, sans que l'avenir du pays fût mis en question, peut-être celui de l'Europe.

----

(1) Première lettre de M. Arago.

— Je crois qu'à la rigueur, tu pourrais avoir raison. Les Parisiens d'aujourd'hui n'auraient pas, comme en 1590, des révérends pères capucins pour les exorter à vivre sans manger, et à se battre contre le Béarnais, pendant qu'ils iraient faire bonne chère dans leurs couvents.

Nous tenons à la vie positive, au pain de chaque jour, et au vin du cabaret; et avant que de tirer à *feux croisés* sur les charrettes des *bons laboureurs* qui viennent garnir nos marchés, au risque de tuer de pauvres chevaux qui ne se mêlent pas de politique, on fera bien d'y regarder à deux fois. Mais voici autre chose encore et tout aussi sérieux.

De gros messieurs de ma bonne petite ville natale, qui raisonnaient très pertinemment sur toutes ces affaires-là, prétendaient, par exemple, qu'une armée française dans le nord, forcée de battre en retraite, et qui saurait qu'elle n'a plus que les remparts de Paris pour la soutenir, serait démoralisée d'avance.

— Les gros messieurs de ta petite ville se trompent, comme de plus savants qu'eux. Admettons un instant que, par suite de revers inattendus, il ne nous reste plus qu'une armée de soixante à cent mille hommes pour barrer le passage et empêcher l'ennemi de faire sa trouée ordinaire sur Paris. Voici ce qui doit naturellement résulter de notre position actuelle. Cette armée, soutenue par nos places fortes sur ses flancs, et en arrière par Soissons et 20 citadelles hérissées d'artillerie, bien loin d'être démoralisée, n'aurait-elle pas, au contraire, une force morale égale au moins à celle de ses baïonnettes ? Obligée qu'elle serait de reculer encore, ne le ferait-elle pas dans le plus grand ordre possible, disputant le terrain pied à pied, certaine de trouver un point d'appui et une population virile de plusieurs centaines de mille hommes, prête à la soutenir ? Aurait-elle à redouter d'être coupée dans sa marche, inquiétée sur ses derrières, décimée par la désertion, les terreurs paniques des faibles, la peur des lâches, le sauve-qui-peut des traîtres ?

— Je comprends cela à merveille; mais cependant je vois toujours l'ennemi qui s'approche de Paris en repoussant nos troupes, et si tu ne te hâte de le chasser, il va le prendre.

— J'ai fait une supposition; voici la réalité.

Lorsqu'une guerre se déclare, les premiers succès nous appartienneut de droit, cela est a peu près incontestable; mais la chance des armes est journalière. Après nous être avancés sur le pays ennemis, nous pouvons être forcés à rétrograder et à rentrer sur notre territoire. Qu'en advient-il? L'ennemi s'arrête indécis sur nos frontières; son attitude est menaçante; ses regards farouches se fixent sur nos plaines, mais il n'y entre pas.

S'il y entre, que veut-il faire, l'imprudent?

— Parbleu! la belle question! Marcher en avant, battre nos troupes, comme tu disais tout-à-l'heure, et assiéger Paris.

— Voilà donc le grand mot lâché!

Vous fait-il peur, paisibles habitants de cette grande et opulente cité? Vous auriez tort. De longtemps vous n'entendrez gronder que le canon de vos fêtes, dont le bruit vous réjouira, si vous êtes disposés à vous réjouir; mais n'écoutez pas ces faux prophètes, ces voyants de malheur, qui veulent vous effrayer par l'approche de dangers imaginaires qui s'éloignent de nous à chaque pelletée de terre que nous remuons.

Fait-on sans témérité le siège d'une place à double remparts, qui à plus de quinze lieues de circonvallation, qui est assise sur une grande rivière, qui renferme une énorme population belliqueuse, et que le boulet ni la bombe ne peuvent atteindre? (1)

Sait-on qu'il faudrait des préparatifs immenses; une armée

---

(1) Gênes est également défendu par une enceinte continue et des jorts détachés. Masséna n'a rendu cette place à Melas que faute de vivres. Un rat se vendait 6 francs et n'en avait pas qui voulait. La ville était bloquée par l'escadre anglaise, et rien ne pouvait entrer dans le port. Quoique ses fortifications aient 7 lieues de circonvallation, sa population n'excède pas 85,000 âmes.

de six cent mille hommes, et un matériel hors de toute proportion avec les ressources des souverains qui oseraient tenter cette folle entreprise?

Et je dis *souverains*, parce que M. Arago, qui croit avec raison que nous n'avons rien à redouter des coalitions, n'en écrit pas moins que, dans *l'exécrable pensée qui les domine, les généraux ennemis marchent sur Paris, à la tête de* 300,000 *Prussiens, Russes, Autrichiens et Anglais et s'en emparent.* Je sais qu'il ajoute que ce sont les *grands évènements de 1814 qui les encouragent à rêver des succès.* Je ne chicane pas sur les mots, mais ces deux-ci, *généraux ennemis*, écrits lorsque nous sommes en paix avec toutes les nations de l'Europe, semblent annoncer que la coalition existe encore et que nous devons la redouter : ce qui est une erreur. Les grands intérêts qui l'avaient cimentée n'existent plus et ne peuvent plus renaître.

Ignore-t-on aussi que l'étranger devant Paris, s'il devait y rester longtemps, serait obligé de faire venir de loin, et à prix d'or, des vivres que le pays ruiné ne lui fournirait plus !

Enfin ne devons-nous pas compter sur les garnisons de Strasbourg, Metz, Thionville, Verdun, Sedan, Mézières et Soissons, qui inquiéteraient leurs derrières, couperaient et enleveraient leurs convois?

L'Europe entière s'était croisée pour abattre un homme et rétablir un principe. Le principe est rétabli et l'homme n'est plus.

Les rois ont trompé les peuples pour les entraîner à leur suite ; mais les peuples savent maintenant ce que valent les promesses des rois.

Leur contact avec nous n'a point été favorable au despotisme. Ils nous ont vu grands dans le malheur, et fiers après la défaite, parce que nous sommes libres.

Ce que nous avons, ils y prétendent ; ce que nous obtiendrons plus tard, ils le voudront.

Car la liberté marche..... à pas lents, il est vrai ; mais elle marche et ne s'arrêtera plus qu'aux confins du monde.

M. de Lamartine ne s'est-il pas trompé aussi en écrivant que *le gouvernement veut diviser le peuple par les fortifications* ?

Que le pouvoir qui nous dirige n'ait pas toujours des intentions très pures, c'est ce que personne ne lui contestera ; mais lui en supposer qu'il ne saurait avoir, c'est prêter à plus riche que soi. Quel intérêt aurait-il à semer parmi nous de nouveaux germes de discordes ? *Diviser pour régner* est un axiôme politique vieilli jusqu'à la décrépitude, et qui, pût-on le rajeunir, ne saurait être applicable ici. Disons les choses telles que nous les pensons. La Dynastie d'Orléans, à la veille d'une régence, dont Dieu éloigne le terme ! a-t-elle dans le sol des racines assez profondes pour aller, je ne sais dans quelle éventualité, chercher un appui en dehors de la nation qui fait sa force et son droit ? Les génuflexions faites à la petite cour improvisée de Belgrave-square, quoique ridicules, peut-être factieuses, mais justement réprouvées, même en Angleterre, ne lui donnent-elles pas un peu d'inquiétude ? Une guerre civile lui serait bien autrement funeste qu'une guerre étrangère, et le gouvernement est assez prudent pour éloigner tout ce qui pourrait tendre à la faire naître.

Quand aux légitimistes, qui veulent à tout prix paraître redoutables, ils ne doivent nous inspirer aucune crainte. Leur phalange n'a ni front ni profondeur. Ce ne sont pas *mes fidèles gentilhommes, mes fidèles normands, mes fidèles bretons* qui la grossiraient de manière à ce qu'elle puisse déployer ses ailes, et venir un beau matin sommer Paris de rendre foi et et hommage à l'héritier légitime du domaine de saint Louis. D'ailleurs, ces messieurs ont, comme toujours, beaucoup d'esprit, peu de jugement et nulle habileté. Ils ne connaissent même pas les premiers éléments de l'art de tromper, et se suicident eux-mêmes par leurs contradictions : faute grave en politique, pour un parti qui croit follement être plus de la moitié de la France. Par exemple, ils demandent fièrement *l'appel à la nation*; ils veulent *assurer les libertés nationales*, et ils sont assez mal inspirés pour donner au duc de Bordeaux le titre de *roi de France*.

Roi de France.

Mais ce jeune présomptueux à donc la prétention de rentrer chez nous *par la grâce du Très-Haut et de la sainte ampoule?*

Pour être le seigneur du lieu?

Le fermier de la métairie?

Le maître du troupeau?

Le règne *des rois de France est passé*; et la nation repousse avec fierté, dédain et mépris, le bonheur qu'on lui promet sous la protection de l'étranger.

Je me résume.

Paris n'est point menacé par son enceinte continue et ses 94 bastions *fermés à la gorge.*

Paris ne peut pas être affamé par ses vingt citadelles; aucun ministère n'aurait la criminelle audace d'assumer sur sa tête la responsabilité d'une telle mesure, qui amenerait sur-le-champ de sanglantes collisions entre le peuple et l'armée.

Paris enfin ne sera assiégé par l'ennemi que quand nous reviendrons une seconde fois de Moscou.

Vous allez voir! vous allez voir! me disait-on de toutes parts, il y a trois ans; vous allez voir avec quelle rapidité la population va décroître aussitôt que ce pauvre Paris sera entouré de Bastilles! Ce sera une vraie calamité publique! Les propriétaires de toutes ces belles maisons à balcons dorés et si richement sculptées vont être ruinés, les malheureux! Il n'y restera que ceux qui sont groupés autour du budjet, les gens pour les servir, et le petit peuple qui végétera là tout aussi bien qu'ailleurs, puisqu'il est condamné à végéter partout.

Plein de confiance dans la bêtise des autres, je m'imaginais que tous les Parisiens allaient s'éparpiller comme une volée de perdreaux sur laquelle tombe inopinément le chien du chasseur. Peut-être n'en étais-je pas trop fâché, dans l'espoir d'être logé moins chèrement et plus à mon aise. Mais nous étions loin de compte, tous tant que nous sommes, gens à sottes prévisions ! Personne n'a bougé, et notre ville voit augmenter le nombre de ses habitants comme si on eût bâti des couvents de trapistes ou des salles de danse, au lieu de bastions et d'enceinte continue. Croyez donc à quelque chose ! Pour m'apprendre à mieux deviner une autre fois, mon propriétaire m'a fait entendre qu'au terme prochain il augmenterait le loyer du modeste appartement que j'occupe dans sa maison.

Braves et dignes habitants de toutes les contrées de la France, qui venez admirer la ville aux cent merveilles, dites au retour à vos concitoyens que nous sommes fort tranquilles à Paris, que nous voulons l'être et que nous le serons, soit que le pouvoir arme ses Bastilles, ce que je ne lui conseille pas, car cela est inutile et le rendrait suspect ; soit qu'il les laisse désarmées, ce qui est beaucoup plus sage.

Quant aux signataires de pétitions dont on fait grand bruit, s'il s'en trouve dans vos villes, bourgs, villages ou hameaux, peut-être ne ferez-vous pas mal de les engager à laisser leurs noms dans la bouteille à l'encre, comme j'y laisse moi-même beaucoup d'excellentes idées dans la crainte d'ennuyer par trop mes lecteurs.

Je croyais en avoir fini, mais je me trompais. Voici Bagnères-de-Bigore qui descend de ses montagnes pour se jeter dans la mêlée. Je veux encore lui dire deux mots à l'oreille, car sa pétition est une pièce curieuse que je suis bien aise d'envoyer à la postérité avec mon ouvrage.

« Les soussignés, *convaincus* que les fortifications, telles « qu'elles sont exécutées, peuvent être funestes aux libertés « publiques, demandent aux députés de voter la suspension « des travaux jusqu'à ce que la loi soit révisée ;

« Et *en tous cas* de repousser énergiquement toute proposition « d'armement des forts, si ce n'est en cas de guerre « étrangère.

« Les soussignés *se disent*, etc. »

Messieurs les pyrénéens sont fort heureux de voir aussi nettement du haut de leurs rochers , ce que nous ne voyons encore , nous qui sommes sur les lieux , qu'à travers un épais brouillard, et il s'en faut de beaucoup que nous soyions *convaincus* d'une chose plûtot que d'une autre.

Je le suis moi de tout ce que je viens d'écrire ; et s'il en était autrement je me serais tu ; mais je ne me fais pas illusion. D'autres écrivains plus habiles que moi peuvent avoir d'excellentes raisons pour combattre les miennes. Fortifier Paris est une affaire toute nationale à mes yeux et mon opinion toute consciencieuse. L'esprit de parti n'a rien à y voir.

En tous cas ces dignes pétitionnaires, électeurs, conseillers, avocats, avoués, qui ont mis sans doute leur savoir en commun pour rédiger cette dolente supplique, ne paraissent pas très forts sur la science gouvernementale, et semblent ignorer quelle est la différence qui existe entre le pouvoir législatif et le pouvoir exécutif. La chambre élective ne *repoussera pas énergiquement toute proposition d'armement des forts*, parce que aucune proposition de ce genre ne saurait lui être faite.

Le gouvernement est le maître de faire ; il est le maître de faire ce qui peut déplaire au pays. Mais dans cette dernière hypothèse, l'opinion publique est là pour l'avertir. Elle s'inquiète , elle s'émeut, elle élève la voix, elle se dresse, et le corps législatif s'empare alors de la question pour obliger le ministère à rentrer dans les limites qu'il n'aurait pas dû franchir. Bagnères-de-Bigore ne sera pas fâché d'apprendre cela, qui peut lui servir pour une autre fois.

Passons maintenant de la burlesque pétition qui nous est arrivée du fond de la Gascogne, aux plaintes que nous fait entendre une ville normande pour des griefs d'une autre nature, mais toujours dans le même but ; projectile à ricochets qui ne manque pas de portée. D'après une lettre insérée dans le *Commerce* , les habitants de Caen voient avec épouvante qu'on va faire quelques réparations à leur vieux château ; et prétendent que le gouvernement se propose de bâtir ainsi une citadelle dans chaque ville d'une certaine importance ; probablement pour se ménager les moyens de la détruire s'il était mécontent d'elle. Tenons-nous donc sur nos gardes ; car, si les choses marchent de ce train-là, nous ne serons bientôt plus entourés que de gens disposés à nous brûler vifs dans nos demeures pour la moindre équipée.

A Toulouse, ajoute l'auteur de la lettre, *une caserne sera incessamment mise aussi en état de défense.*

Monsieur le journaliste, parisien ou provincial, un petit mot, je vous prie. Si, en faisant votre tour de France, vous êtes allé dans la ville du *gai-savoir*, de la belle *Isaure* et des pâtés de foie de canard, vous devriez savoir que les casernes de St-Pierre et des Récollets sont peu susceptibles d'être érigées en bastilles ; que l'arsenal est une sorte de citadelle, déjà garnie de tours sur une partie de son étendue, et que l'église St-Sernin est une véritable forteresse, qu'on peut armer de canons, et qui soutiendrait un siège régulier, si on en expulsait les prêtres pour la remplir de soldats. Vous auriez dû rechercher et retrouver cela dans vos vieux souvenirs avant que d'avancer que le gouvernement va faire ce qui est déjà fait.

Vous ne vous rappelez donc pas non plus que le polygone est sur la rive gauche de la Garonne, en Gascogne par conséquent, et, qu'en tournant la gueule de ses grosses pièces de siège, il écraserait la ville languedocienne, comme le fort Montmartre aurait écrasé Paris, si on avait voulu s'en passer la fantaisie.

C'est ainsi qu'on induit le peuple en erreur, et qu'on spécule sur sa crédulité.

Mais toutes ces singulières sorties font naître de tristes réflexions. Veut-on répandre l'alarme et faire croire que nous sommes à la veille d'une guerre civile ? Veut-on insulter notre armée toute nationale, en la présentant comme disposée à se fractionner en bataillons prétoriens prêts à servir les projets d'un pouvoir insensé qui prétendrait nous faire rétrograder de cent ans, et nous ravir nos libertés à coups de canon ? Que nul ne s'y trompe ! Il y a bien des millions d'hommes à égorger avant que le peuple français consente à porter de nouveau les chaînes du despotisme.

Quels que soient les événements que l'avenir nous prépare, et qu'il couvre de son voile impénétrable, je désire, en les attendant sans les craindre, que le pouvoir qui nous dirige soit fortement constitué ; je désire, comme garantie de sa force et de sa durée, qu'il puisse jeter, sans hésiter, son épée dans la balance qui pèse les destinées des peuples, et que la nation tout entière s'oppose à ce qu'elle soit enlevée du plateau.

Si, par malheur, la tranquillité est troublée dans l'intérieur du royaume, je veux aussi que le soldat obéisse passivement s'il lui est ordonné de marcher pour dissiper des rassemblements, apaiser une sédition, faire rentrer dans l'ordre des révoltés : tel est son devoir ; il doit le remplir.

Mais si la nation se lève comme un seul homme !.....

L'inexorable histoire est là. Elle dira plus tard de quels côtés étaient les torts, et combien le peuple a de patience et de longanimité.

Les braves soldats qui composent nos armées, ne sont pas, comme jadis, des Reitres, des Lansquenets, des Esclavons, des compagnies blanches, des Suisses, payés pour tuer sur l'ordre du maître. Nos recrues ne sont plus achetées sur les champs de foire au son du fifre et du tambour, ou ramassées dans les boues des villes. Ce sont des hommes libres ; ce sont les enfants de la France, appelés par la loi à l'honneur de la servir, et ils doivent suivre ses destinées.

Un trône qui s'écroule est la plus grande calamité qui puisse accabler une nation, mais elle doit rester tout entière debout sur ses ruines.

Et achevons de fortifier Paris.

—

Ch. Duriez, imprimeur à Selle.